Frank Mangelsdorf (Hg.)

EINST UND JETZT
HOPPEGARTEN

Märkische Oderzeitung

Texte

Klaus Manthe: S. 13, 57, 59, 61, 63, 65, 67, 69, 71; Prof. Eckhardt Menzel (Autorenkollektiv): S. 73, 75, 77, 79, 81, 83, 85, 87, 89, 91, 93; Prof. Rudolf Dau: alle übrigen Texte

Aktuelle Abbildungen

Arbeitskreis Ortsgeschichte Hönow: S. 77, 87; Gemeinde Hoppegarten: S. 21, 53, 71; Ortsgeschichtliche Sammlung der Gemeinde Hoppegarten (in Verwaltung des Kulturvereins Grünes Tor Hoppegarten e. V.): S. 19; Klaus Manthe: S. 7, 29, 45, 79, 81; Gerd Markert: alle übrigen aktuellen Fotos

Historische Abbildungen

Arbeitskreis Ortsgeschichte Hönow: 70, 72, 74, 76, 78, 80, 82, 84, 86, 88, 90, 92; Ortsgeschichtliche Sammlung der Gemeinde Hoppegarten (in Verwaltung des Kulturvereins Grünes Tor Hoppegarten e. V.): alle übrigen historischen Fotos

Märkisches Medienhaus GmbH & Co. KG
Kellenspring 6, 15230 Frankfurt (Oder), Telefon 0335 5530-0
www.moz.de

Redaktion: Märkisches Medienhaus Redaktion GmbH
Chefredaktion: Frank Mangelsdorf
Projekt-Betreuung: Gitta Dietrich
Gestaltung: Kathrin Strahl, studio-strahl.de
Druck: Druckerei Silberdruck oHG, Niestetal

1. Auflage, Frankfurt (Oder) 2016 · Alle Rechte vorbehalten

ISBN 978-3-942508-46-9

EINFÜHRUNG

Hoppegarten und hoppelnde Pferde – der Ursprung des Namens für die Gemeinde am östlichen Stadtrand Berlins scheint selbst Amateuren unter den Namensforschern keine Schwierigkeiten zu bereiten. Doch Sachkundige heben abwehrend die Hand: Keineswegs bezieht sich die Bezeichnung auf jene Galopper, die den Ort seit fast 150 Jahren in ganz Deutschland und darüber hinaus bekanntgemacht haben. Hoppegarten erhielt seinen Namen aus der Landwirtschaft. Vom Hopfen, der hier früher angebaut wurde.

Allerdings ist das heute nur noch in den Annalen nachzulesen. Längst profitiert die schnell wachsende Gemeinde vom Pferdesport, der zu Beginn des vorigen Jahrhunderts mehr als die Hälfte der Einwohner direkt oder über Zulieferungen ernährte. Hilfreich kam hinzu, dass in den 1850er-Jahren die vom preußischen Militär dringend geforderte Ostbahn die Gegend durchquerte und hier später einen Haltepunkt errichtete.

Auch in den 40 Jahren DDR war die Galopprennbahn nahezu das Synonym für das nur eine halbe S-Bahn-Stunde vom Zentrum Berlins entfernt liegende Dahlwitz-Hoppegarten. Daneben gab es viele Arbeitsstellen in dem hier angesiedelten Zentralvorstand der Gesellschaft für Sport und Technik, in der Sportgemeinschaft Dynamo Hoppegarten und in einem Archiv der Staatssicherheit.

Nach 1990 entwickelte Dahlwitz-Hoppegarten ein sprunghaft wachsendes Gewerbegebiet. Per Beschluss der Landesregierung wurden die drei gleichberechtigten Einzelgemeinden Hönow, Dahlwitz-Hoppegarten und Münchehofe im Jahr 2003 zu einer amtsfreien Gemeinde zusammengeschlossen – was bei nicht allen Beteiligten auf Gegenliebe stieß. Mittlerweile leben in Hoppegarten fast 18 000 Menschen.

Unser Dank gilt allen Beteiligten, die zum Gelingen von „Einst und Jetzt" beigetragen haben. Doch schauen Sie selbst.

Frank Mangelsdorf
Chefredakteur Märkische Oderzeitung

GRUSSWORT

Mit dem Band 47 der Reihe „Einst und Jetzt" legt das Märkische Medienhaus – aktiv unterstützt von der Gemeinde – ein Buch über die Entwicklung einer Kommune vor, die durch ihre fast 150 Jahre alte Galopprennbahn weit über die Grenzen Brandenburgs bekannt wurde. Und das Buch beweist zugleich, dass die Entwicklung der Gemeinde nicht auf den Pferdesport zu reduzieren ist. Dessen Entwicklung zu zeigen ist einem separaten Band vorbehalten. Heute gilt jedoch mein Dank all jenen, die tatkräftig an der Entstehung des vorliegenden Bandes mitwirkten.

Hoppegarten ist eine relativ junge Gemeinde, entstanden durch die Gebietsreform am 26. Oktober 2003 aus den ehemals selbstständigen Gemeinden Hönow, Dahlwitz-Hoppegarten und Münchehofe, die heute die Ortsteile der neuen Gemeinde bilden. In ihr zeichnet sich die rasante Entwicklung einer typischen Berliner Umlandgemeinde seit 1990 ab. Die Einwohnerzahl verdreifachte sich von knapp 6 000 1995 auf über 18 000 im Jahr 2016. So ist dieser Band nicht nur für die Besucher von Hoppegarten interessant, sondern auch für die vielen neuen Hoppegartnerinnen und Hoppegartner selbst.

Eine Besonderheit Hoppegartens wird der Leser nicht aus dem Buch, sondern nur mit einem Blick auf die Landkarte erkennen: Es gibt kein einheitliches Gemeindeterritorium (was in dieser Dimension einmalig in Deutschland sein dürfte), da der Ortsteil Hönow (mit nunmehr rund 10 000 Einwohnern) vom übrigen Gemeindegebiet durch das Land Berlin und die Nachbargemeinde Neuenhagen abgetrennt wird. Dies hat aber der gemeinsamen Entwicklung, die sich in den drei Ortsteilen durchaus ähnelt, keinen Abbruch getan.

Seien Sie neugierig auf diese Facetten einer Gemeinde, die Tradition und Moderne verbindet!

Viel Freude an diesem Buch wünscht Ihnen

Karsten Knobbe
Bürgermeister der Gemeinde Hoppegarten

INHALT

6_ 1821 Dahlwitz / Lennépark
8_ Um 1930 Dahlwitz / Dorfanger
10_ 1906 Dahlwitz / Herrenhaus
12_ 1990 Dahlwitz / Herrenhaus nach 1945
14_ Um 1900 Dahlwitz / Wirtschaftsgebäude
16_ Um 1900 Dahlwitz / Altes Angerhaus
18_ 1994 Dahlwitz / Kossätenhaus
20_ 1931 Dahlwitz / Luftbild
22_ Um 1910 Dahlwitz / Dorfkirche
24_ Um 1930 / Um 1950 Dahlwitz / Friedhöfe
26_ 1906 Dahlwitz / Alte Berliner Straße (Ost)
28_ Um 1920 Dahlwitz / Alte Berliner Straße (West)
30_ Um 1910 Dahlwitz / Alte Berliner Straße 101
32_ Um 1970 Dahlwitz / Manege
34_ Um 1910 Bahnhof Hoppegarten
36_ Um 1930 Dahlwitz / ehemaliges Postamt
38_ 1994 Dahlwitz / Logierhaus
40_ Um 1940 Haupteingang Rennbahn Hoppegarten
42_ Um 1920 Dahlwitz / Suermondt-Villa (Median Klinik)
44_ 1994 Dahlwitz / Lindenallee 14 – 16
46_ Um 1920 Dahlwitz / Katholische Kirche
48_ Um 1910 Dahlwitz / Tepper-Laski-Villa

50_ 1915 Dahlwitz / Bié-Villa
52_ Um 1930 Siedlung Birkenstein
54_ 1929 Genossenschaftshaus Birkenstein
56_ Um 1930 Erpetal / Heidemühle
58_ 1907 Erpetal / Ravensteiner Mühle
60_ 1939 Waldesruh / Verkehrsanbindung
62_ Um 1940 Waldesruh / Köpenicker Allee 82
64_ 1910 Münchehofe / Dorfanger mit Kirche
66_ 1935 Münchehofe / Spritzenhaus
68_ Um 1925 Münchehofe / Trainieranstalt Mönchsheim
70_ 1999 Hönow / Luftbild
72_ 1943 Hönow / Dorfkirche
74_ 1920 Hönow / Dorfanger
76_ Um 1910 Hönow / Dotti-Schloss
78_ 1923 Hönow / ehemalige Dorfschule
80_ Um 1910 Hönow / Glücksburg
82_ Um 1930 Hönow / Vierseitenhof
84_ Um 1950 Hönow / Hönower Hof
86_ Um 1900 Hönow / Seeblick
88_ 1958 Hönow / Dorfbäckerei
90_ 1937 Hönow / Mahlsdorfer Straße
92_ 1996 Hönow / Siedlungserweiterung

1821 DAHLWITZ / LENNÉPARK

1821 hat Lenné den englischen Landschaftsgarten für die Dahlwitzer Gutsherrin Julie von Hacke geb. von Marschall und deren Ehemann, Graf Georg von Hacke, entworfen. Hacke folgte damit dem Zeitgeschmack, dem der bestehende Barockgarten aus dem frühen 18. Jahrhundert nicht mehr entsprach. Zunächst sollte nur ein Bereich bis zur heutigen Alten Berliner Straße umgestaltet werden. Im zweiten Entwurf wurde das Gebiet jenseits der Alten Berliner Straße großräumig mit einbezogen. Die Familie von Hacke hatte ihren Wohnsitz und ihren Lebensmittelpunkt seit 1819 in Altranft, deshalb wurde die Pflege des Parks wohl vernachlässigt. 1850 erwarb Heinrich von Treskow das Rittergut Dahlwitz. Den Tagebuchaufzeichnungen seiner Frau Marianne ist zu entnehmen, dass der Park völlig verwildert und das Altschloss eine Ruine war. Treskow legte den Park wieder an und errichtete im Parkteil jenseits der Alten Berliner Straße um 1870 ein Erbbegräbnis für seine Familie. Inzwischen sind die alten Sichtachsen und historischen Wege wiederhergestellt. Von einem Förderverein eingeworbene Spenden ermöglichten die Anschaffung von soliden Bänken. Der heute sogenannte Lennépark kann als ein Schmuckstück im historischen Ortskern gelten.

UM 1930   DAHLWITZ / DORFANGER

Dahlwitz war um 1250 von deutschen Kolonisten als Straßenangerdorf begründet worden; an einem uralten Handelsweg, der von Köpenick über Altlandsberg nach Wriezen führte. Kirche, Kirchhof und Küsterhaus fanden ihren Platz mitten auf dem Anger, während die Bauernhäuser sich beiderseits des nördlichen Angerteils aneinanderreihten. Sie waren meist als Wohnstallgebäude angelegt und mit Stroh oder Rohr gedeckt. Später richteten sich die adeligen Dorfbesitzer in Kirchennähe mit Wohnsitz und Wirtschaftshof ein. So wurde Dahlwitz zu einem Rittergut, in dessen wirtschaftliche Unternehmungen schließlich der südliche Angerbereich mit einbezogen wurde. Nach dem Herrenhaus der Familie von Treskow erhielt die Dorfstraße 1909 den Namen Schlossstraße. Durch die Rennbahnentwicklung (seit 1867) verbesserten sich die Verhältnisse der Dorfbewohner und selbst bei Bauern- und Handwerkerhäusern fand die in Mode gekommene Gründerzeitarchitektur ihren Niederschlag. Die Bebauung verdichtete sich und Mehrfamilienhäuser kamen hinzu. Nach 1945 wurde aus der Schlossstraße die Rudolf-Breitscheid-Straße. Aktuell präsentiert sie sich verkehrsberuhigt und saniert, unter Verwendung von historischer Pflasterung und mit Reitweg.

1906 DAHLWITZ / HERRENHAUS

1850 erwarb Heinrich von Treskow das Rittergut Dahlwitz von Gräfin Julie von Hacke geb. von Marschall. Das alte Herrenhaus aus dem frühen 18. Jahrhundert war zu dieser Zeit bereits eine Ruine. Das frisch verheiratete Paar bewohnte zunächst ein Nebengebäude. 1855 ließ Heinrich von Treskow das alte Herrenhaus abreißen und durch den Berliner Architekten und Schinkel-Schüler Friedrich Hitzig eine Turmvilla in italianisierendem Stil errichten. Im Souterrain befanden sich die Küche und weitere Wirtschaftsräume, im Hauptgeschoss ein Saal, ein Jagdzimmer, eine Bibliothek und ein Büro für den Hausherrn. Das Obergeschoss blieb als Wohnbereich der Familie vorbehalten. Die historische Aufnahme zeigt eine spätere Ansicht der Parkseite, schon mit der 1906 hinzugefügten neobarocken Freitreppe und der Erhöhung des Turms mit einem Aussichtsgeschoss. Diese repräsentativ aufgewertete Gebäudefront wich deutlich von Hitzigs ursprünglichen Plänen ab, in denen der Straßenseite der Vorrang zugedacht war. Der derzeitige Eigentümer, die Brandenburgische Schlösser GmbH, ist erfolgreich dabei, die historische Situation, wie sie sich im früheren 20. Jahrhundert herausgebildet hatte, denkmalgerecht wieder zum Leben zu erwecken.

1990 DAHLWITZ / HERRENHAUS NACH 1945

Wenn wir auf das triste Grau unseres Fotos aus dem Jahr 1990 schauen, so sehen wir die Spuren der erfolgten Umnutzung nach Ende des Zweiten Weltkrieges. Das ehemalige Herrenhaus diente nach der Enteignung 1945 verschiedenen sozialen Zwecken. Das Haus war lange Jahre Kinderheim, ehe es der Gemeinde Dahlwitz-Hoppegarten als Kita, Schulhort und Verpflegungsstätte diente. Im großen Saal fanden alle wichtigen Veranstaltungen der Gemeinde statt. So wurde in der DDR-Zeit das einstige „Herrenhaus" zum „weltlichen Zentrum" der Gemeinde. All das hatte eine Unmenge von Umbauten mit sich gebracht. In diesem Zustand erwarb es der heutige Besitzer, die Brandenburgische Schlösser GmbH, im Jahr 2003. Die wegen Geldmangels sich nun bereits über mehr als ein Jahrzehnt hinziehende Rekonstruktion erfolgt in enger Abstimmung mit der Dankmalbehörde. Zum Einsatz kommen nur hochwertige Materialien. Die Anbringung der historischen Treppen (Park- und Straßenseite) wird gegenwärtig vorbereitet. So stellt sich das Ensemble Schloss und Park mit seinen Sichtachsen hinunter ins Erpetal heute wieder als ein Kleinod dar, welches den Eindruck auf potentielle Nutzer nicht verfehlen wird.

UM 1900 DAHLWITZ/WIRTSCHAFTSGEBÄUDE

Caroline Marianne von Marschall geb. von Börstel, die Witwe und Erbin Samuel von Marschalls, ließ 1756 einen Kornspeicher errichten. Es handelt sich um das älteste profane Gebäude im historischen Ortskern von Dahlwitz-Hoppegarten. Das ansehnliche, zu jener Zeit mustergültige Magazingebäude ist bis heute unverändert erhalten. Die zur Anlage gehörende große Strohscheune sowie das Maschinenhaus und die Brennerei (rechts hinter Bäumen verdeckt) entstanden ab 1858 unter Heinrich von Treskow. Als Baustoff diente jetzt größtenteils Rüdersdorfer Kalkstein, für den der jeweilige Rittergutsbesitzer nach einem alten Vertrag nur die Bruchkosten, nicht aber das Material zu bezahlen hatte. Heute befindet sich das denkmalgeschützte Ensemble agrarischer Wirtschaftseinrichtungen in unterschiedlichem Privatbesitz. Ein Investor hat den flachen langgestreckten ehemaligen Kartoffelkeller (jeweils am äußersten rechten Bildrand) aufgestockt und zu Wohnraum umgebaut. Es wäre zu wünschen, dass sich auch für den historisch besonders bedeutsamen barocken Ziegelbau des ehemaligen Kornspeichers ebenfalls eine neue Verwendung finden lässt, um ihn vor dem Verfall zu retten.

UM 1900 DAHLWITZ / ALTES ANGERHAUS

So sah bis zum 20. Jahrhundert noch manches bäuerliche Anwesen am Dorfanger von Dahlwitz aus. Seit dem 18. Jahrhundert lebte hier eine Kossätenfamilie Haase. Als „Halbbauern" bewirtschafteten sie immerhin bis zu 20 Hektar Acker- und Wiesenland. Die Vorderfront lässt die Grundzüge eines mitteldeutschen Ermhauses erkennen. Vom Eingang an der Traufseite führte ein schmaler Flur in die breitere, ursprünglich fensterlose „schwarze Küche". Rechterhand lag die große Bauernstube, links gelangte man zum Wirtschaftsteil des Hauses, meist einem Stall, und zu kleinen Kammern. Das Dach war in der Regel rohrgedeckt. Schon früh war es üblich geworden, die „Fache" des Balkengerüsts der Seitenwände nicht mit Lehm und Stroh, sondern mit Ziegeln zu füllen. Carl Haase, der 1891 der erste gewählte Gemeindevorsteher von Dahlwitz wurde, besaß neben seinem Wohnhaus einen massiven Stall für Pferde und Kühe, der heute noch vorhanden ist. Als das alte Kossätenhaus seinen Wohnbedürfnissen nicht mehr entsprach, beauftragte er den Baumeister Max Grätz mit der Errichtung jenes repräsentativen Hauses im Gründerzeitstil, das jetzt hier am Anger steht. Der soliden Handwerkskunst von Max Grätz und seinem Vater Albert sind übrigens sehr viele Dahlwitzer Bauwerke zu verdanken, die bis heute überlebt haben.

1994 DAHLWITZ / KOSSÄTENHAUS

Dieses ehemalige Bauernhaus stammt noch aus der Zeit vor 1800 und stellt somit das älteste Wohngebäude im Angerbereich des historischen Dorfkerns von Dahlwitz dar. Lediglich die evangelische Kirche und der Getreidespeicher („Magazin" aus dem Jahr 1756) sind noch älter. Der massive Bau aus roten Ziegeln stand mit seiner Giebelseite direkt an der alten Dorfstraße (heute Rudolf-Breitscheid-Str. 25). Von den derzeitigen Nutzern denkmalgerecht saniert, hat der ursprüngliche Wohntrakt die Jahrhunderte überlebt: ein charakteristisches Zweistubenhaus, von der Hofseite mittig über eine Diele erschlossen, hinter der sich immer noch die einst „schwarze Küche" (mit offenem Rauchabzug) befindet. Ein Anbau, der als Stall für Pferd und Rind diente, ist im Zweiten Weltkrieg durch Bombentreffer weitgehend zerstört worden. Im 20. Jahrhundert wurde das alte Gemäuer streckenweise noch als Stall oder auch zum Wohnen genutzt. Neue Eigentümer, die sich im hinteren Teil des Grundstücks ein modernes Wohnhaus errichtet hatten, nahmen es auf sich, dem inzwischen unter Denkmalschutz stehenden Kossätenhaus unter weitgehender Verwendung historischer Materialien neues Leben einzuhauchen.

1931 DAHLWITZ / LUFTBILD

Die Luftbildaufnahme von 1931 verdanken wir Eveline von Treskow, Witwe des jüngeren Heinrich von Treskow. Sie hatte den Zeppelin-Kapitän zu einer Routen-Änderung bewogen, um eine Sicht auf ihr Gut (aus 250 Metern Höhe) festzuhalten. Die Turmseite der Kirche zeigt nach Westen, also wurde für die aktuelle Aufnahme ein anderer Blickwinkel gewählt. Herrenhaus und Park sind unverkennbar, wobei erfreuliche Übereinstimmungen hervortreten. Die Insel in der Erpe gibt es jedoch nicht mehr. Die historische Aufnahme zeigt den südlichen Angerbereich, um den sich das gutswirtschaftliche Leben gruppierte. Rechts oben der riesige Wirtschaftshof mit Ställen, Werkstätten und Gesindehaus; heute gibt es davon nur noch das „Inspektorenhaus" (hinter Bäumen versteckt neben dem „Kutscherhaus"). Auf der anderen Straßenseite das Karree mit Getreidespeicher, Brennerei und Kartoffelkeller; von Letzterem sieht man auf dem aktuellen Bild die daraus entwickelten Wohnungen. Dem östlichen Kirchengiebel schließt sich die ehemalige Küsterschule an. Ihr gegenüber begannen einst die Bauernhäuser am Nordanger, von dem man aus dem Blickwinkel des Jetzt-Fotos einen Eindruck gewinnen kann. Hinter der Kirche liegt heute der über die Jahre gewachsene Schulkomplex. Im Vordergrund die Bebauung der Alten Berliner Straße.

UM 1910   DAHLWITZ / DORFKIRCHE

Das älteste Bauwerk im historischen Ortskern von Dahlwitz-Hoppegarten ist die evangelische Kirche. Sie wurde im 13. Jahrhundert als rechteckiger Saal aus regelmäßig behauenen Feldsteinquadern erbaut. Das zeigen noch die westliche Giebelseite und ein Teil der Nordseite. Während des 30-jährigen Krieges (1618 – 1648) niedergebrannt, wurde sie Ende des 17. Jahrhunderts wieder aufgebaut und durch einen Turm ergänzt. Die Kirche ist mit einer verputzten Feldsteinmauer umgeben, hinter der sich der Kirchhof befand. Samuel von Marschall, seit 1718 Besitzer des Rittergutes und Inhaber des Kirchenpatronats, ließ 1732/33 die Kirche nach Osten ausbauen und mit einer barocken Inneneinrichtung versehen. Unter dem Anbau entstand seine Familiengruft (heute mit zwölf Sarkophagen). 1834 erhielt der Turm sein heutiges Aussehen. 1907 ließ Gutsbesitzer Heinrich von Treskow die Kirche erneut umgestalten. Renommierte Persönlichkeiten aus Dahlwitz-Hoppegarten, besonders aus dem Galopprennsport, unterstützten die Sanierung mit Geld und Sachspenden. Während des Zweiten Weltkriegs wurde der Kirchturm zerstört. Nach notdürftiger Reparatur nach 1945 wurden Turm und Kirchenschiff 1999 unter Leitung von Pfarrer Peter Bickhardt grundlegend saniert.

UM 1930 / UM 1950   DAHLWITZ / FRIEDHÖFE

Nach der Eröffnung der Rennbahn in Hoppegarten 1868 stieg die Einwohnerzahl enorm und der Kirchhof an der Dorfkirche wurde im Laufe der Jahre zu klein. Heinrich von Treskow, selbst ein erfolgreicher Pferdezüchter und Sportsmann, stellte das Friedhofsareal am nördlichen Ende des Dorfes Dahlwitz aus seinem Grundbesitz zur Verfügung. 1892 wurde der kirchliche Friedhof gleichzeitig mit der aus Rüdersdorfer Kalkstein errichteten Friedhofskapelle eingeweiht. Hervorzuheben ist die Überkonfessionalität dieses Friedhofs. Zahlreiche Trainer und Jockeys, auch der Pfarrer der St. Georgs-Gemeinde, waren katholisch und fanden dennoch ihre letzte Ruhestätte auf dem evangelischen Friedhof in Dahlwitz. 1921 wurde der kirchliche Friedhof von der Gemeinde um einen kommunalen Friedhof erweitert. Obwohl auch viele Persönlichkeiten aus dem dörflichen Umfeld hier bestattet wurden, sind die Dahlwitzer Friedhöfe vor allem eine steinerne Chronik des Pferdesports in Hoppegarten, die es zu bewahren gilt. Der ortsansässige Kulturverein pflegt regelmäßig die historischen Grabmale, musste aber mit ansehen, wie historisch bedeutsame Grabstellen bereits eingeebnet wurden.

1906 DAHLWITZ / ALTE BERLINER STRASSE (ÖSTLICHER TEIL)

Die alte Heer-, Handels- und Poststraße zwischen Berlin und Frankfurt (Oder) – die heutige B 1/B 5 – wurde in der Dahlwitzer Ortslage um 1800 ausgebaut und befestigt. Fast zeitgleich entstand das Chausseeeinehmerhaus, das den Kreuzungsbereich mit dem ebenfalls uralten Fernverbindungsweg zwischen Köpenick und Altlandsberg kontrollierte. Durch Straßengebühren sollten die staatlichen Investitionen wieder eingebracht werden (1931 abgerissen). Ende des 19. Jahrhunderts kam es zu einem Bauboom, der besonders in diesem östlichen Teil der Chaussee städtische Züge annahm.

Links neben dem Chausseehaus entstand 1880 der „Gasthof zum Deutschen Sport" Großwendt, (im Krieg zerstört; heute steht dort ein Hotelneubau). 1884 erweiterte Bäckermeister Carl Frohnert sein Gewerbe zum Gasthof „Zur Rennbahn". Die Fleischerei (Alte Berliner Str. 69) strebte 1889 nicht in solche Höhen wie das benachbarte „Warenhaus Kühn", zugleich „Conditorei und Café". Dieses imposante Bauwerk hatte 1897 der Baumeister Albert Grätz errichtet. Es steht Wand an Wand mit dem wohl ältesten Wohnhaus (vor 1800), von seiner Besitzerin kundig und liebevoll saniert.

UM 1920   DAHLWITZ / ALTE BERLINER STRASSE (WESTLICHER TEIL)

Der westliche Abschnitt der Alten Berliner Straße ist – bis zur Eröffnung der großzügigen Ortsumgehung 1988 – ebenfalls Teil jener alten Fernverbindung zwischen Berlin und Frankfurt (Oder), der heutigen B 1/B 5, gewesen. Deren seinerzeit innerörtlicher Abschnitt, etwa zwischen den jetzigen Einmündungspunkten der Umgehungsstraße in die ursprüngliche Trassenführung, wurde seit 1909 offiziell „Berliner Straße" genannt. (Die Ergänzung „Alte Berliner..." trat nach der Fusion der Gemeinden Dahlwitz-Hoppegarten, Hönow und Münchehofe als Unterscheidungsmerkmal hinzu.) Es ist kaum noch vorstellbar, wie sich einst hier der gesamte Fernverkehr hindurchgezwängt hatte. Die historische Ansichtskarte lässt erkennen: Nicht eng aneinander gedrängte, bisweilen recht hohe Zweckbauten bestimmen das Straßenbild, sondern – in aufgelockerter Grundstückbebauung – schmucke zweigeschossige „Vorortvillen", die von einem gehobenen Wohlstand zeugen. Allerdings kann man davon ausgehen, dass zumindest einzelne Räume weiter vermietet wurden.

UM 1910   DAHLWITZ / ALTE BERLINER STRASSE 101

In den letzten Jahrzehnten des 19. Jahrhunderts entstanden an der Berlin-Frankfurter Chaussee nicht nur relativ hohe, mehrgeschossige Zweckbauten für das gastronomische und kaufmännische Gewerbe oder größere „Vorortvillen". Daneben gab es dort auch kleine Wohnhäuser jenes ländlichen Wohnhaustyps, wie er damals in allen Dörfern die alten Bauernhäuser ersetzen sollte. Auf dem Anwesen Alte Berliner Straße 101 wird auf einem Katasterblatt von 1897 ein Wohnhaus im Eigentum derer von Treskow ausgewiesen. Es hatte sicher nichts mehr gemein mit den früheren Tagelöhnerhäusern des Ritterguts, in denen sich vier oder noch mehr Familien drängen mussten. Wenn der Gutsherr Arbeitskräfte binden wollte, musste er jetzt schon mehr bieten. Die historische Aufnahme zeigt das Gebäude in seiner ganzen Pracht gründerzeitlicher Stilelemente in der Schinkel-Tradition. Offenbar für zwei Familien gedacht, vermochte es zugleich einem Gewerbetreibenden zu dienen. Nach einem Besitzerwechsel wurde von der Familie Schönberg dann auch ein Schlachthaus hinzugefügt. Von dem Herrn mit Uhrkette und stolzem Hund wird bezeugt, dass es sich um den Fleischermeister Otto Mielenz handelt, der zumindest 1909 in diesem Haus gewohnt hatte. Heute ist es ein von allem Dekor befreites Einfamilienhaus.

UM 1970 DAHLWITZ / MANEGE

Beiderseits der Einmündung der Rennbahnallee in die Alte Berliner Straße bzw. die B 1/5 hatte sich seit 1963 der staatliche Zentralzirkus der DDR sein Winterquartier errichtet, das nach der Wende abgewickelt wurde. Rechterhand befindet sich dort jetzt Pflanzen-Kölle, während auf dem linken ehemaligen Zirkus-Gelände eine Wohnanlage entstand. Im hinteren (westlichen) Teil dieser Anlage stößt man auf einen eigenartigen, zurzeit noch leer stehenden Rundbau, dessen Geschichte noch eigenartiger ist. Es handelt sich um die einstige Probe-Manege des Zirkus-Unternehmens, zu dessen Betriebsteilen auch der verstaatlichte „Circus Barlay" gehört hatte. Auf dessen Gelände in Berlin (heute steht dort der neue Friedrichstadtpalast) gab es eine große Manege. Bei deren Abriss 1962 wurden die Bauteile sorgfältig gesichert und in Hoppegarten 1967 wieder zusammengesetzt. Das historische Foto stammt aus einer früheren Phase; denn 1982 war rundherum ein niedriger Anbau für Sanitär- und Sozialeinrichtungen hinzugefügt worden. So entstand ein voll funktionsfähiges Ensemble, das nicht nur als Probebühne für neue Zirkusdarbietungen diente, sondern auch für Show-Sendungen des DDR-Fernsehens. Derzeit wartet das Bauwerk auf eine neue Zweckbestimmung.

UM 1910 BAHNHOF HOPPEGARTEN

Die letzte Teilstrecke der „Ostbahn" ist 1867 freigegeben worden. Die Dampfloks hielten anfangs aber nicht in der weitgehend menschenleeren Wald- und Heidelandschaft des gutsherrschaftlichen Vorwerks Hoppegarten (im Besitz der Familie von Treskow), sondern erst in Neuenhagen. Als der zeitgleich gegründete Union-Klub unweit der Bahnstrecke die Galopprennbahn errichtete und rundherum nicht nur Rennbahn-Anlagen, sondern eine stetig wachsende Wohnsiedlung entstand, wurde die Bahnbehörde veranlasst, die Züge zumindest zeitweilig halten zu lassen. Erst später entstanden an dem zunächst provisorischen Haltepunkt verschiedene Bahnhofsanlagen, von denen der „Kaiserbahnhof" heute noch existiert. Das denkmalgeschützte Abfertigungsgebäude wird heute gern so genannt, weil der preußische König (und spätere deutsche Kaiser Wilhelm I.) hier 1868 zur Eröffnung der Rennbahn mal ausgestiegen war und weil das (etwa ein Jahrzehnt später errichtete) Bahnhofsgebäude einen schmuckvoll ausgestatteten Wartesalon für die kaiserliche Familie und ihren Hofstaat enthielt. Inzwischen hat die Gemeinde das Areal erworben und mit einer denkmalgerechten Sanierung begonnen, um das historisch wertvolle Gebäude einer neuen Bestimmung zuzuführen.

UM 1930   DAHLWITZ / EHEMALIGES POSTAMT

Dieses Postamt in unmittelbarer Nähe vom Bahnhof Hoppegarten entstand im Zusammenhang mit dem Postgüterverkehr per Bahn, dessen Aufkommen sich mit der Entwicklung der Rennbahn und dem nachfolgenden Siedlungsausbau stark vermehrt hatte. Es ersetzte die alte „Posthalterei" an der Frankfurter Chaussee, deren innerörtlicher Abschnitt heute die Alte Berliner Straße ist. Die Zeit der Pferdekutschen und berittenen Kuriere war vorbei; die Dampflokomotive trat an die Stelle der Pferdekraft. Interessant ist, dass das Postamt nicht nach der Gemeinde benannt wurde, auf dessen Territorium es stand (Dahlwitz), sondern nach der Bahnstation Hoppegarten. So kam es, dass der postalische Absender auf den Briefköpfen des Ritterguts als „Dahlwitz bei Hoppegarten" firmierte – eigentlich eine Verkehrung der realen Verhältnisse. Als die Eisenbahn ihrerseits Konkurrenz durch das Automobil bekam, war der Postverkehr nicht mehr an die Nähe zum Bahnhof gebunden und so wurde aus dem Amtsgebäude mit Dienstwohnung ein ziviles Mehrfamilienhaus.

1994 DAHLWITZ / LOGIERHAUS

Der Gasthof mit Logiermöglichkeiten entstand um 1868 zeitgleich mit den ersten Rennbahn-Anlagen. Er diente vor allem den saisonbedingt anreisenden Pferdeleuten, die auf kein eigenes Domizil zurückgreifen konnten. Und wo sonst sollte nach einem Sieg gefeiert oder der Gram über eine Niederlage hinweggespült werden? Bis auf den Wirtschaftshof des einstigen Vorwerks Hoppegarten (schräg gegenüber auf der anderen Straßenseite), in dem sich 1867 das „Union-Gestüt" niedergelassen hatte, gab es im Umkreis von etwa zwei Kilometern noch kein anderes Bauwerk, auch den Bahnhof noch nicht. Somit bildete das „Logierhaus" den Anbeginn der Besiedelung und Bevölkerung des späteren Dahlwitzer Ortsteils Hoppegarten. Es blieb dann auch weiterhin ein beliebtes Lokal, nicht nur für Rennbahnbesucher, weil man von der Terrasse her das Geläuf der Galopprennbahn seiner ganzen Ausdehnung überblicken kann. Die 1990er-Jahre überlebte es als gastronomische Einrichtung allerdings nur wenige Jahre, weil die Eigentumsverhältnisse zunächst unklar blieben. Längere Zeit gab es Leerstand mit ruinösen Folgen, bis sich ein Investor fand, der die denkmalgeschützte Anlage restaurierte und modernen Wohnzwecken mit historischem Ambiente und Rennbahnflair zuführte.

UM 1940   HAUPTEINGANG RENNBAHN HOPPEGARTEN

Die Anfänge der Galopprennbahn reichen bis in das Jahr 1867 zurück, der Haupteingang in der Rennbahnallee entstand in seiner gegenwärtigen Gestalt erst 1937. Der Entwurf stammte von den namhaften Berliner Architekten Johannes und Walter Krüger. Das im ländlichen Stil ausgeführte Bauwerk ist bis heute gut erhalten geblieben. Das Dach, das eine Reihe von Verkaufskiosken in elegantem Halbrund überwölbt, ist jetzt nicht mehr strohgedeckt; über eine Rekonstruktion des ursprünglichen Zustands wird nachgedacht. Links daneben steht das Rechengebäude (die Auswertung der Toto-Tippscheine war seinerzeit ein komplizierter Vorgang, die Kommunikation mit den Kassen lief über Rohrpost). Weitere Funktionsgebäude des Rennbetriebs und die imposante Backsteinfront der Haupttribüne geraten erst voll ins Blickfeld des Besuchers, wenn er den Eingang durchschritten hat. Das gesamte Ensemble der Rennbahn-Anlage steht unter Denkmalschutz. Eine Büste im Eingangsbereich ehrt heute Dr. Erich Klausener, der in einer Rede auf dem 32. Märkischen Katholikentag im Sommer 1933 auf der Rennbahn Hoppegarten die antikirchliche Politik der Nazis geißelte und nur sechs Tage später in seinem Dienstzimmer ermordet wurde.

UM 1920 DAHLWITZ / SUERMONDT-VILLA (MEDIAN KLINIK)

Als überregionale Zentraleinrichtung des Pferdesports zog die Rennbahn Hoppegarten viele Pferdehalter, Trainer, Jockeys und Gewerbetreibende zu dauerhaftem Verweilen an. Selbst für Rennstallbesitzer, die anderswo ihren Hauptsitz hatten, lohnte es sich, hier nicht nur einen eigenen Stall, sondern auch ein Wohnhaus zu besitzen, das sie jederzeit nutzen konnten. Eine Reihe dieser schmucken Bauten, meist mit schmiedeeiserner Einfriedung und kunstvoll gestalteten Toren, entstand in der Rennbahnallee, einst ein Feldweg, der als Abkürzung von der Chaussee zum „Vorwerk Hoppegarten" diente. Hervorzuheben ist das Anwesen Nr. 107, auf dem sich heute eine großräumig angelegte Rehabilitations-Klinik befindet. Links davor steht noch die ursprüngliche Villa, die sich 1896 ein Rittmeister Suermondt bauen ließ. Die gesamte Anlage mit Ställen, Wirtschaftsgebäuden und Villa, zu der eine Allee mit Rondell hinführte, wurde vom Berliner Baumeister Ludwig Otte ausgeführt. Sie fand auf der Allgemeinen Berliner Kunstausstellung 1899 hohe Anerkennung. Die Villa wurde durch den Klinikkonzern denkmalgerecht saniert.

1994 DAHLWITZ / LINDENALLEE 14 – 16

Zu Beginn des 20. Jahrhunderts lag das Anwesen des Hauptmann von Blottnitz (heute Lindenallee 14 – 16) an einem Abschnitt der uralten Straße zwischen Köpenick, Neuenhagen und Altlandsberg, der – 1867 durch die Ostbahn-Trasse abgeschnitten – zu einer Sackgasse wurde. Auf der anderen Straßenseite lag ein Rennstall. Dieser wurde 1912 von Raimund Kessler erworben; der das Blottnitz-Haus jedoch nicht übernahm, sondern sich dahinter eine neue Villa bauen ließ. In den 1940er-Jahren nutzte der Generalsekretär des Union-Klubs die Kessler-Villa. Sie wurde nach dem Krieg gemeinnützigen Zwecken zugeführt (Seniorenheim, nach 1990 Sitz von Gemeindeverwaltung und Vereinen). Nicht weniger wechselvoll gestaltete sich die Nutzung des einstigen Blottnitz-Komplexes. Seit 1945 hatten dort nacheinander die Rote Armee, die Grenzpolizei und der Dynamo-Sportklub residiert, nach der Wende Arztpraxen, Sparkasse sowie Gemeinde-Einrichtungen. Als Rathaus der neuen Gemeinde Hoppegarten bewegte es sich mit modernen Anbauten wie dem Gemeindesaal – auf unserem aktuellen Foto links – gleichsam auf das „Haus der Generationen" zu und bildet mit ihm jetzt ein ansehnliches Ensemble.

UM 1920 DAHLWITZ / KATHOLISCHE KIRCHE

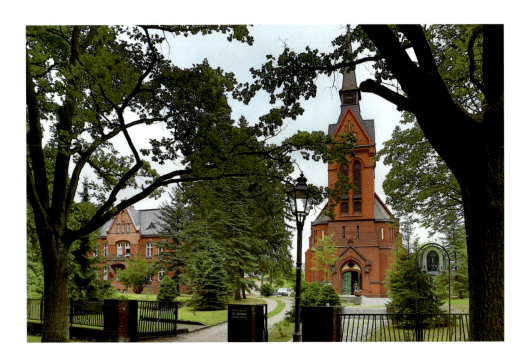

Die Entwicklung der Galopprennbahn und die Besiedlung des Umlands der Ostbahn-Haltepunkte Hoppegarten und Neuenhagen brachte auch viele Einwohner katholischen Glaubens in diese Gegend. Eine Liste von 300 Personen hatte man 1899 zusammengestellt, um die Errichtung einer eigenen Kirche zu erwirken. Im Mai 1905 wurde der imposante Bau geweiht. Der Entwurf stammte vom Berliner Architekten Franke. Namensspender der Kirche war der Heilige Georg, er gilt als Schutzpatron der Reiter. Auf der alten Ansichtskarte erkennt man im Hintergrund das bewaldete Gebiet, das man auf dem Weg vom Bahnhof zur katholischen Kirche heute noch durchschreitet. Ihre Lage unmittelbar an der Grenze zur Gemarkung Neuenhagen war besonders günstig, weil sich in der Nachbargemeinde ebenfalls zahlreiche Einrichtungen des Galopprennsports etabliert hatten. Die Straße im Bildvordergrund (historische Aufnahme) gehört bereits zu Neuenhagen. Damals stand die Kirche noch einsam im Gelände. Bald sollte sich, gleichsam hinter ihrem Rücken, der Neuenhagener Gemeindeteil „Gartenstadt Hoppegarten" entfalten. Proteste der Dahlwitzer Gemeindevertretung (im Oktober 1909) gegen diese werbewirksame Namensentlehnung verhallten ungehört.

UM 1910 DAHLWITZ / TEPPER-LASKI-VILLA

Zu den vom Union-Klub erworbenen Flächen des einstigen Vorwerks Hoppegarten gehörte auch jener bewaldete Hügel nördlich der Ostbahn-Trasse, der heute noch als Übungsbahn für den Pferdesport benutzt wird. Auf dem Gebiet zwischen der „Idea-Bahn" und dem Neuenhagener Areal, wo der Rennstall des Gestüts Graditz und bald eine ganze „Gartenstadt Hoppegarten" entstehen sollten, war noch Bauland zu erschließen. Auf 18 000 Quadratmetern neben der St.-Georgs-Kirche schuf sich der Baron Hans von Tepper-Laski (1855-1937) sein eigenes Reich: eine stattliche Villa mit großem Rennstall und Remise. Der Rittmeister a. D. spielte eine hervorgehobene Rolle im Rennsportleben von Hoppegarten: unter anderem als Rennstall-Manager für den Grafen von Henckel von Donnersmarck und nicht zuletzt in zahlreichen Funktionen, die mit dem Sportbetrieb auch über Hoppegarten hinaus verbunden waren. Später diente die Villa als Wohnheim für Lehrlinge der Rennbahn. Nach der Wende fand sich ein Investor, der dort 171 Eigentumswohnungen errichtete. Trotz aller Proteste fielen ein großer Teil des Baumbestands sowie die immer noch ansehnliche, inzwischen denkmalgeschützte Stallanlage dem Bauvorhaben zum Opfer. Der Grabstein von Hans von Tepper-Laski ist auf dem kommunalen Friedhof von Dahlwitz-Hoppegarten zu finden.

1915 DAHLWITZ / BIÉ-VILLA

Die Akten der Katasterverwaltung Niederbarnim vermerken 1897, dass der Rittergutsbesitzer von Treskow zu Dahlwitz dem Trainer Walter Bié an der Straße nach Neuenhagen folgende Parzellen verkauft habe: 3 976 Quadratmeter Wiese, 4 269 Quadratmeter Acker und 7 655 Quadratmeter Hofland. Hier, wo die Zoche auf dem Weg zur Erpe die heutige Lindenallee unterquert, entstand gleichsam „auf der grünen Wiese" eine durchaus repräsentative Villa, mit achtgliedriger Vorderfront und interessant ausgebautem Dachgeschoss. Dieses Anwesen, ausgestattet mit einem Reitstall und einer eigenen Koppel, gehörte räumlich und zeitlich zu den Anfängen der systematischen Bebauung jenes Teilstücks der alten Fernverbindung zwischen Köpenick und Altlandsberg, das – bis dahin über „offenes Feld" – die Dahlwitzer Dorflage mit dem „Vorwerk Hoppegarten" verband. Bis zum Vorabend des Ersten Weltkriegs sollten sich an der Westseite der Straße zahlreiche solcher Bauwerke aneinanderreihen. Damit entstand erstmals ein zusammenhängendes Siedlungsbild für den (seit 1921 auch sogenannten) Ort Dahlwitz-Hoppegarten. Leider ist das Bié-Haus dem Zahn der Zeit zum Opfer gefallen. Lage und Größe des Anwesens verlockten während der DDR-Zeit dazu, dort eine Trainierhalle für den Reitsport mit 2 400 Quadratmetern Fläche zu errichten. Sie wurde bis 1989 vom SC Dynamo betrieben.

UM 1930 SIEDLUNG BIRKENSTEIN

Birkenstein entstand seit 1919 im Zuge einer genossenschaftlichen Siedlungsbewegung. Eine Gruppe von Interessenten, meist Arbeiter und kleine Angestellte, hatte sich schon gegen Ende des Ersten Weltkriegs in Berlin zusammengefunden, um gemeinschaftlich eine Siedlung „im Grünen" zu errichten: Kleine, sehr bescheidene Häuser, dafür größere Gärten, die in jenen schwierigen Zeiten nicht zuletzt der Ernährung dienen sollten. Die Genossenschaft hatte zwischen der Straße nach Hönow und dem Zoche-Fließ Land erworben (im Vordergrund der historischen Aufnahme), das einst Bauernland, aber schon seit der Jahrhundertwende Gegenstand von Bodenspekulationen gewesen war. Der Zuzug aus Berlin entwickelte sich in einem enormen Tempo und änderte die sozial-kulturelle Struktur der Bevölkerung von Dahlwitz-Hoppegarten noch einmal erheblich (nach den Verschiebungen durch den Pferdesportbetrieb). Fast alle alten Siedlungshäuser stehen heute noch, trotz mancher Mängel beim Baumaterial und Schwierigkeiten des Baugrunds (Lehm, Schichtenwasser). Inzwischen hat sich die Siedlung auch territorial ausgedehnt: „Neu-Birkenstein", auf dem aktuellen Luftbild vorn links, ist hinzugekommen.

1929 GENOSSENSCHAFTSHAUS BIRKENSTEIN

Bis zu ihrer „Liquidation" im Juni 1942 ist Birkenstein keine einfache Wohnsiedlung, sondern für ein Vierteljahrhundert eine echte Genossenschaft gewesen. In erster Linie wollte man natürlich heraus aus der lärmenden, stickigen Großstadt. Das verband sich jedoch mit gesellschaftskritisch-alternativen Reformideen. Im Gründungstatut von 1920 hieß es: „Das Verhältnis der Siedler zueinander und zur Gesamtheit ruht auf der Grundlage gemeinnütziger Wirtschaftsordnung und bedingt ein solidarisches Zusammenwirken in allen Bestrebungen." Die großen Gärten für Obst und Gemüse und die Ställe für Federvieh, Kaninchen, Ziegen oder gar Schweine besaßen ihren tieferen Sinn also im Gedanken der Gemeinwirtschaft, die auf solidarisch verbundenen Eigenwirtschaften beruhte. An zentraler Stelle (heute Straße des Friedens Ecke Ernst-Wessel-Straße) schuf man sich ein Genossenschaftshaus mit angegliederten Gemeinschaftseinrichtungen. Dort gab es „Kolonialwaren und Delikatessen", Bäckerei, Mosterei und eine Gaststätte. Der „Birkensteiner Krug" wurde 1928 durch einen großen Saal ergänzt, einer wichtigen Begegnungsstätte. Von diesem Ensemble steht heute nichts mehr; nur der Gedenkstein für Ernst Wessel erinnert noch an die genossenschaftlichen Ursprünge der Siedlung.

UM 1930   ERPETAL / HEIDEMÜHLE

Bald 600 Jahre zurück lassen sich die Spuren der Wassermühlen am Neuenhagener Mühlenfließ (Erpe) verfolgen. In den Gemarkungen der heutigen Gemeinde Hoppegarten waren dies die Dahlwitzer Mühle, von der es keine baulichen Überreste mehr gibt, die Ravensteiner Mühle an der Grenze zu Berlin-Friedrichshagen und die Heidemühle inmitten des Erpetals. Hier, wo sich das Mühlrad bis in das 20. Jahrhundert hinein emsig drehte, experimentierte der Sohn des alten von Treskow mit der Erzeugung von Elektroenergie. Zu DDR-Zeiten, als der Mühlenstandort Bestandteil der benachbarten LPG wurde, hatten die Verantwortlichen keine Verwendung mehr für diese vermeintlich überholte Form der Energieerzeugung. Das Mühlengebäude stammt aus dem Jahr 1891. Heute ist es ein schmuckes Doppelhaus. Von diversen Anbauten befreit, sind die historischen Umrisse erhalten geblieben. Am rechten Gebäuderand auf dem Einst-Foto ist noch die Umhausung des Mühlrades zu erkennen. Die Erpebrücke ist inzwischen erneuert und der Lauf der Erpe mehrfach verändert worden. Erst vor wenigen Jahren wurde das vorhandene Gefälle durch eine sogenannte Sohlgleite neu gestaltet, sodass die zahlreichen Fischarten leichter passieren können.

1907 ERPETAL / RAVENSTEINER MÜHLE

Anfang des 20. Jahrhunderts begann die Zeit der großen Gartenrestaurants. Auch ärmere Großstadtbewohner hatten sich mit dem Achtstundentag so etwas wie Freizeit erkämpft und man folgte dem Ruf „ins Jrüne". „Hier können Familien Kaffee kochen", so das legendäre Schild, welches seine Anziehungskraft auf die zahlreiche, oft minderbemittelte Kundschaft nicht verfehlte. Aus dem Zweiten Weltkrieg ist bekannt, dass das Haus zeitweise als Lazarett genutzt wurde. Das Restaurant verkam in den Jahren danach. Zu DDR-Zeiten diente das große Haus mit den zahlreichen Nebengelassen dem benachbarten katholischem St. Albertusheim als Außenstelle für die Unterbringung von pflegebedürftigen Menschen. Der Trägerverein hatte seinen Sitz in Westberlin. Nach 1989 wurde das Heim, nicht zuletzt wegen der nicht mehr zeitgemäßen Unterbringung der Patienten in großen Mehrbettzimmern und der schlechten sanitären Verhältnisse, geschlossen. Das Anwesen ist heute wieder in Privatbesitz und macht von der Straßenseite her keinen guten Eindruck.

1939 WALDESRUH / VERKEHRSANBINDUNG

Die in den 1930er-Jahren aus dem Forstbestand des von Treskow'schen Dahlwitzer Gutes parzellierte Waldsiedlung lag auch für damalige Verhältnisse nicht unbedingt verkehrsgünstig. Von ihrer Topografie her zwischen den Berliner Ortslagen Friedrichshagen / Hirschgarten auf der südlichen Seite sowie Mahlsdorf auf der nördlichen Seite eingeschlossen, verstand es sich fast von selbst, dass die verkehrstechnische Erschließung von der Hauptstadt aus erfolgte. So wurde die Berliner Buslinie A8 (heute 108) bis zur Fichtestraße verlängert. Dort war dann auch für viele Jahrzehnte „Endstation", bis sich die Gelegenheit ergab, die Linie weiter ins Innere der Siedlung zu verlängern. Auf den bevorstehenden Ausbruch des Zweiten Weltkriegs weisen die Uniformen der bei winterlichen Bedingungen auf die Abfahrt des Busses wartenden Männer hin. Im Hintergrund sehen wir die Werbung eines örtlichen Baubetriebes, von denen es in der Aufbaujahren um die zehn der verschiedenen Gewerke gab. Seit den 1970er-Jahren endet die Buslinie an der „Lindenschänke", eine von zwei historischen Gaststätten der Waldsiedlung.

UM 1940   WALDESRUH / KÖPENICKER ALLEE 82

Dieses stattliche Zweifamilienhaus in der Köpenicker Allee 82 hat sich nahezu kaum verändert. Das Ladengeschäft mit dem großen Schaufenster ist heute als Büro zweckentfremdet. Bis 1989 war hier über Jahrzehnte hinweg eines der bis zu drei ihr Auskommen findenden Lebensmittelgeschäfte Waldesruhs ansässig. Die Besitzerin von Haus und Laden, Erna Kroner (spätere Bekendorf) war eine Institution in der Nachbarschaft und beschäftigte vor 1945 auch ein Lehrmädchen. Ein privat betriebener „Kolonialwarenladen" hatte es zu DDR-Zeiten schwer, überhaupt an Ware zu kommen und so wurde das Geschäft von der staatlichen Konsum-Genossenschaft übernommen. Wie die Dinge sich verändert haben, sieht man daran, dass es im inzwischen auf 3 000 Einwohner angewachsenen Gemeindeteil keinen einzigen Lebensmittelladen oder Supermarkt mehr gibt. In heutiger Zeit fallen die inzwischen über 130 Jahre alten Kiefern auf den Privatgrundstücken zunehmend der Kettensäge zum Opfer. Auf den Aufnahmen sieht man, dass es auch anders geht und sich Häuser und nahe stehende Bäume nicht ausschließen.

1910 MÜNCHEHOFE / DORFANGER MIT KIRCHE

Das um 1375 erstmals urkundlich erwähnte märkische Dorf Münchehofe hat – auch bedingt durch die bis in die heutige Zeit schlechte Verkehrsanbindung – keine so rasante Entwicklung als prosperierende Stadtrandgemeinde, wie beispielsweise seine „Nachbarn" Dahlwitz-Hoppegarten und Schöneiche, genommen. Bis zur Schwelle des 20. Jahrhunderts bestimmten die zehn ortsansässigen Bauern weitgehend die Geschicke der kleinen Gemeinde. Und selbst als vor dem ersten Weltkrieg erste Grundstücke an Berliner, sogenannte Kolonisten, verkauft wurden, führte dies nicht zu einer nennenswerten Erhöhung der Einwohnerzahl, die bis in die 1920er-Jahre nie die 300er-Marke überschritt. Die Anfänge der Kirche liegen in der Zeit der vermuteten ersten Besiedlung Münchehofes am Ende des dreizehnten Jahrhunderts. Ihre heutige äußere Form erhielt sie mit dem Neubau des Kirchturms im Jahr 1892. Die Fundamente sind mit Rüdersdorfer Kalksteinen ausgeführt. Der Dorfanger mit Kirche, Friedhof, Dorfteich und den umgebenden Straßen hat seinen mittelalterlichen Grundriss bis in die heutige Zeit bewahrt. Das Kriegerdenkmal für die zwölf Gefallenen des ersten Weltkriegs wurde 2014 denkmalgerecht saniert.

1935   MÜNCHEHOFE / SPRITZENHAUS

Eine der Grundängste der Dorfbewohner ist von alters her die Furcht vor Feuersbrünsten und dem damit verbundenen Verlust von Hab und Gut. In heimatgeschichtlichen Akten findet sich um Beispiel ein Brief des Ortsschulzen Carl Hanne an die Ortspolizeibehörde zu Dahlwitz vom 6. April 1837 über die Reparatur einer Handschwengelpumpe. 1935 begann die gerade offiziell gegründete Freiwillige Feuerwehr Münchehofe mit dem Bau eines Spritzenhauses. Für die damaligen Verhältnisse war das Gebäude großzügig und fortschrittlich. Die Fahrzeughalle hat zwei Einfahrten und einen Schlauchturm. An der Rückseite befinden sich vier Einstiegsluken, an denen das Einsteigen in hochgelegene Fenster für den Ernstfall geübt wurde. Bis in die heutige Zeit hat sich der gute Ruf der Münchehofer Feuerwehr erhalten. Sie ist seit der Zusammenlegung der Gemeinden im Jahr 2004 eigenständiger Teil innerhalb der von einem Gemeindebrandmeister angeführten drei Hoppegartener Wehren. Bei dem ergänzenden Flachbau handelt es sich um eine ehemalige Gaststätte, die um das Jahr 2000 als Fahrzeughalle, Sanitärtrakt, Schulungsraum und Büro für den Wehrleiter umgerüstet wurde. Seit ihrer Gründung waren circa 115 Münchehofer Männer Mitglieder der Feuerwehr. Der aktuelle Stand: 18 Aktive und sieben Alterskameraden.

UM 1925 MÜNCHEHOFE / TRAINIERANSTALT MÖNCHSHEIM

Der Blick von oben gestattet uns einen fast vollständigen Überblick über das bald 800-jährige Hönow. Im Hintergrund rechts sehen wir die natürliche Kette von Weihern und kleinen Seen, an deren Ufern sich einst das historische Bauerndorf entwickelte. Im linken Teil des Bildes die in den 1920er-Jahren erschlossenen Siedlungsgebiete im Süden und rechts die in Entstehung begriffene Siedlungserweiterung. Heute leben in Hönow mehr als die Hälfte der Bürger in der inzwischen über 18 000 Einwohner zählenden (Groß-)Gemeinde Hoppegarten. Hönow hat neben dem noch heute ländlich anmutenden historischen Angerdorf ausgedehnte Siedlungen mit großzügig geschnittenen Gärten. Die meisten Einwohner beherbergen jedoch die erst nach der politischen Wende entstandenen städtischen Bereiche mit mehrgeschossigen Miet- und Eigentumswohnungen. Eine moderne Infrastruktur mit guter Verkehrsanbindung, den steigenden Bedürfnissen permanent angepassten Kitaplätzen sowie Einrichtungen für Senioren und behinderte Menschen vervollständigen das Bild einer modernen Stadtrandgemeinde.

1943 HÖNOW / DORFKIRCHE

Die Feldsteinkirche ist ein einheitlicher romanischer Granitquaderbau mit gotischen Einbauten. Der Eindruck des gedrungenen Baues mit seinem wuchtigen Wehrturm wird aufgefangen in den vierteiligen Rhythmus von halbrunder Apsis, Chorraum mit Kreuzgewölbe, Kirchenschiff – ebenfalls mit achteckigen Kreuzbögen, und Vorraum unter dem breiten Westturm. Dieser repräsentative Bau lässt sich durch die besondere Lage Hönows an den alten Verkehrswegen und durch die agrarische Wirtschaftskraft des Bauerndorfes mit seinen 118 Hufen erklären. Die erste Zerstörung der Kirche erfolgte am 24. April 1432, während des Hussitenkrieges. Eine erneute Verwüstung des ganzen Dorfes und der Kirche entstand während des 30-jährigen Krieges. Am 30. März 1943 erfolgte durch einen Bombenangriff die wiederholte Zerstörung. 1947 begann die erste notdürftige Sanierung, die eine Nutzung ab 1952 ermöglichte; allerdings mussten 1995 – 1996 und 2000 – 2002 weitere Sanierungen durchgeführt werden. 2005 musste aus statischen Gründen der Glockenstuhl stabilisiert werden und 2011 die Empore durch neue Querbalken verstärkt werden. Über Jahrhunderte hat die Verbundenheit der Gemeindemitglieder mit ihrer Kirche wesentlich zum Erhalt dieses Sakralbaues beigetragen.

1920 HÖNOW / DORFANGER

Wenn wir auf die Südseite des Dorfangers mit dem Spritzenhaus der Feuerwehr schauen, befindet sich links die Dorfstraße mit dem Schornstein der Brennerei des Gutsbesitzers. Dahinter das dreigeschossige Schnitterhaus und links davon im Hintergrund die Turmspitzen der Dorfkirche und des „Dotti-Schlosses". Das Kriegerdenkmal und das Spritzenhaus waren 1945 nicht mehr vorhanden. Nach Kriegsende wurden hier Grabstellen für im April 1945 gefallene Sowjetsoldaten angelegt. In den 1950er-Jahren wurden sie in die Zentrale Gedenkstätte im Treptower Park in Berlin umgebettet. 1972 wurden hier eine Konsum-Kaufhalle erbaut und 2005 wegen fehlender Nutzung abgerissen. Heute befindet sich dort eine Grünfläche mit Parkbänken. Im Hintergrund sehen wir die ehemalige Volksschule, heute das Evangelische Gemeindehaus.

UM 1910   HÖNOW / DOTTI-SCHLOSS

Hier stand das von 1897 bis 1902 erbaute Schloss des Gutsbesitzers Dotti. Typisch für diese Zeit waren bürgerliche Prachtbauten im Stile der Neorenaissance. Die Gestaltung des Portals, des Turmes und der Toreinfahrt gaben dem ersten Eindruck etwas Erhabenes. Der zweite Blick fiel auf die mit italienischer Leichtigkeit gestaltete Fassade, eben in Neorenaissance. Trotz der beschränkten Fläche weitete der hinter dem Schloss angelegte Schlosspark mit dem angrenzenden Haussee den Blick nach Westen. Am 30. März 1943 wurde durch einen Luftangriff das Schloss zerstört und brannte aus; die Mauersteine fanden nach Kriegsende in Neusiedlerhäusern Verwendung. In den 1960er-Jahren entstand auf dem Gelände des Schlosses ein dreigeschossiges Wohngebäude, an dessen Nordgiebel das Schloss nachgezeichnet wurde.

1923 HÖNOW / EHEMALIGE DORFSCHULE

Das Hauptgebäude der Dorfschule Hönow, erbaut 1881, wurde 1912 mit dem Anbau des linken Seitenflügels erweitert. Weitere Schulklassen befanden sich in einem Nebengebäude auf dem großen Schulhof sowie in einem weiteren Gebäude in der Dorfstraße 7. Wegen der Besetzung des Dorfes durch die Rote Armee war der Schulbetrieb von April 1945 bis Januar 1946 hier nicht möglich. Während dieser Zeit wurde an verschiedenen Orten in Hönow-Süd unterrichtet. Schließlich wurde nach dem Krieg das Schulgebäude den wachsenden Ansprüchen an schulischer Bildung und den steigenden Einwohnerzahlen nicht mehr gerecht, sodass im Jahr 1962 ein Schulneubau an der Kaulsdorfer Straße entstand. Die Dorfstraße 42 wurde umgebaut und mit seinen großen Freiflächen bis 1997 als Kindertagesstätte und Kinderkrippe genutzt. Anschließend stand das Gebäude auf dem Dorfanger einige Jahre leer. Ab 2005 wurde das Ensemble saniert. Seit dieser Zeit nutzt die Evangelische Kirchengemeinde Hönow das Haus als Gemeindehaus.

UM 1910 HÖNOW / GLÜCKSBURG

An der Mehrower Chaussee, hinter der neu errichteten Retsee-Siedlung gelegen, befand sich die Glücksburg. Durch den Kaufmann und Teehändler Friedrich Glücks wurde diese Anlage 1900 als Jagdschloss erbaut. Nach 1945 im Zuge der Bodenreform wurde die Familie Glücks enteignet und der Name „Glücksburg" aus offiziellen Dokumenten entfernt. Später wurde das Grundstück von der DDR-Staatssicherheit für konspirative Zwecke benutzt und nach der Wende als Gaststätte und Spätverkaufsstätte betrieben. Als der Alteigentümer die Immobilie rückübertragen bekam, ließ er den vorderen Trakt völlig umbauen. Seit 1995 ist das traditionsbehaftete Gebäude „nur noch" Wohnhaus. Noch weiter nördlich, am Einfahrtweg zum Eicher Wald, befand sich früher eine Fuchsfarm. Mit Einzug der Roten Armee im April 1945 endete die Pelztierzucht. In der Nähe entstand eine Neubauernsiedlung.

UM 1930   HÖNOW / VIERSEITENHOF

Der Name Döberitz gehört zu den ältesten Bauerngeschlechtern in Hönow (seit 1537). Nach dem Gut war es der zweitgrößte Hof einschließlich des Ackerlandes im Dorf mit 220 Morgen. Mit der Nutzung von vier Gespannen und einer effektiven Wirtschaftsführung entwickelte sich die Bauernwirtschaft hervorragend. Zentral gelegen in der Dorfmitte – gegenüber der Schmiede – standen die Gebäude nach quadratischem Grundriss angeordnet seit weit über 100 Jahren mit einem geräumigen Wohnhaus. Die Scheunen waren lang und hoch; ein stabiler Holzabbund, verankert mit dem Mauerwerk, garantierte die Stabilität. Die Hoffläche war mit Feldsteinen gepflastert. Fast auf allen Höfen war die Dunggrube in der Hofmitte angelegt. Wie auf dem Foto gut zu erkennen ist, befand sich auf dem Gehöft Döberitz in der Hofmitte ein Taubenhaus mit einer Turmuhr – ein damals bekanntes Symbol ländlichen Wohlstandes. Nach 1990 erfolgte eine komplette Sanierung der Gebäude zur gewerblichen Nutzung.

UM 1950   HÖNOW / HÖNOWER HOF

Der Vierseitenhof der Familie Richter – seit 1696 in Hönow ansässig – ist ein typischer Vertreter der märkischen Bauanordnung für landwirtschaftliche Betriebe um 1850 bis 1915. Markant hebt sich das für den ländlichen Raum architektonisch anspruchsvolle Wohngebäude ab. Auf der rechten Seite befanden sich Pferdestall, Kuhstall und Schweinestall. Die linke Seite wurde als Maschinenpark, Mehrzweckraum und für Kutschwagen genutzt; oben befanden sich beheizbare Unterkünfte. Die hintere Seite wurde als unterkellerte Scheune (zur Rübeneinlagerung) ausgebaut. Durch die beispielhafte Fleißarbeit mehrerer Generationen gelang Familie Richter der Erhalt des Ensembles und die historische Rekonstruktion der Fassadenstrukturen für ein neues Nutzungskonzept. Der ehemalige Bauernhof ist heute ein beliebtes Frühstückshotel und zugleich ein „Hingucker" im Zentrum von Hönow-Dorf.

UM 1900 HÖNOW / SEEBLICK

Dieser Blick über den Haussee auf die Kirche und das Schloss stammt von 1900. Zu erkennen ist die terrassenförmige Anlage der Blocksberganhöhe, auf dem die Kirche steht; im Gegensatz dazu sieht man das Schloss auf dem Niveau der Dorfstraße und des Dorfangers stehen. Eine Besonderheit dieses typischen brandenburgischen Angerdorfes ist die Vielzahl der Seen, Weiher und Pfuhle, die das landschaftliche Bild rings um Hönow prägen. Angefangen vom Haussee und dem mit ihm verbundenen Retsee und dem Richtersee über den Koppelsee und den Schmalen See (alle Richtung Norden), können Wanderfreudige die schöne wasserreiche Umgebung von Hönow kennenlernen. Die neben der U-Bahnstation beginnende Weiherkette wird mit den Namen Entenpfuhl, Krautpfuhl, Bogensee, Untersee, Froschpfuhl, Mummelsoll, Rundes Soll und Obersee bezeichnet und lädt zu einem Spaziergang ein.

1958 HÖNOW / DORFBÄCKEREI

Historische Unterlagen besagen, dass die Bäckerei im Zentrum des Dorfes schon 1894 von einem Gustav Mette gegründet und von seiner Familie jahrzehntelang betrieben wurde. Als in den letzten Tagen des Zweiten Weltkriegs Hönow für mehrere Monate von der Sowjetischen Armee besetzt wurde, haben die Soldaten hier bis Januar 1946 große Mengen Brot für die Versorgung der Armeeangehörigen gebacken. Dazu wurden zusätzlich sechs weitere Backöfen aus Ziegelsteinen auf dem Hof- und Gartengelände errichtet. Als Heizmaterial diente Birkenholz aus den umliegenden Hönower Wäldern. Die Bäckerei blieb bis 1956 in Familienbesitz. Dann wurde sie an Bäckermeister Horst Gustke verkauft. Der Bäckereibetrieb wurde noch bis 1979 weitergeführt. Dann wurden die Räume umgebaut und bis 1990 für Lagerzwecke an Berliner Betriebe vermietet. Heute befindet sich hier das Kosmetikstudio der Tochter des ehemaligen Bäckermeisters.

1937   HÖNOW / MAHLSDORFER STRASSE

Wir blicken von Hönow-Süd in Richtung auf die Stadtgrenze zu Berlin-Mahlsdorf. Hier, in der Mahlsdorfer Straße, gab es vor dem Krieg die Gaststätte „Zum Mittelpunkt der Erde", das Kino „Hönower Lichtspiele" sowie neun kleine Geschäfte für Handel und Dienstleistungen, genannt „Geschäftsstraße Hönow-Süd". Im Laufe der 1950er-Jahre wurden die Geschäfte stillgelegt. Neben den allgemeinen Versorgungsmängeln lagen die Gründe dafür in erster Linie an der 1955 erfolgten verstärkten Abschottung der Grenze zwischen Ostberlin und dem (DDR-)Umland, dem sogenannten „Ring um Berlin", einer historischen Besonderheit, die der heutigen Generation kaum noch bekannt ist. Bis 1991 gab es dann nur noch zwei Konsumläden und eine Nähstube für Damenoberbekleidung. Ganz in der Nähe entstanden in den 1990er-Jahren die Hönower Einkaufspassagen (HEP).

1996 HÖNOW / SIEDLUNGSERWEITERUNG

In der damals noch selbstständigen Gemeinde Hönow wurde nach der politischen Wende ein ambitioniertes Wohnungsbauprojekt verfolgt: Die „Siedlungserweiterung". Die historische Aufnahme dokumentiert die Baustelle im Jahr 1996 mit Blick auf die Zochewiesen und in Richtung Neuenhagen bei Berlin. Es handelt sich um den Bau des ersten Abschnitts der Brandenburgischen Straße. Sie ist jetzt zusammen mit der Straße Am Grünzug die Haupterschließungsstraße für das neue Wohngebiet. An beiden Seiten der Fahrbahn gibt es breite Gehwege sowie Radwege und Parktaschen. Die Bebauung im Bereich dieser Straßen erfolgte mit drei- bis viergeschossigen Wohnhäusern, teilweise mit Geschäften und Dachterrassen. Alle Häuser sind mit Aufzügen vom Keller bis zur obersten Etage versehen. Auf fast allen Dächern sind Module für die Solarstromerzeugung montiert. Insgesamt entstanden in dem 82 Hektar großen Viertel 2500 Wohnungen für etwa 7000 Einwohner.

BUCHREIHE EINST UND JETZT

In der Buchreihe EINST UND JETZT sind bislang erschienen:

BAND 1
BAD FREIENWALDE

BAND 2
FRANKFURT (ODER)

BAND 3
RÜDERSDORF
BEI BERLIN

BAND 4
EISENHÜTTENSTADT

BAND 5
SCHWEDT/ODER

BAND 6
LAND BRANDENBURG

BAND 7
STRAUSBERG

BAND 8
EBERSWALDE

BAND 9
COTTBUS

BAND 10
KIRCHEN IM ODERBRUCH

BAND 11
GÖRLITZ

BAND 12
UNIVERSITÄT POTSDAM

BAND 13
BEESKOW

BAND 14
MEDIENSTADT BABELSBERG

BAND 15
SACHSEN-ANHALT

BAND 16
FÜRSTENWALDE

BAND 17
BERNAU

BAND 18
HENNIGSDORF

BAND 19
FLUGHAFEN
SCHÖNEFELD

BAND 20
INSEL USEDOM

BAND 21
HOCHSCHULE
EBERSWALDE

BAND 22
BRANDENBURG AN DER HAVEL I

BAND 23
ORANIENBURG

BAND 24
NEURUPPIN

BAND 25
FREDERSDORF-VOGELSDORF

BAND 26
WILDESHAUSEN

BAND 27
GESTÜTE IN
NEUSTADT/DOSSE

BAND 28
PRENZLAU

BAND 29
UNTERNEHMEN IN
OSTBRANDENBURG

BAND 30
NEUENHAGEN BEI BERLIN

BAND 31
RATHENOW

BAND 32
LANDKREIS BARNIM

BAND 33
BRANDENBURG AN DER HAVEL II

BAND 34
GANDERKESEE

BAND 35
STADTSCHLOSS POTSDAM /
LANDTAG

BAND 36
BREMEN-SCHWACHHAUSEN

BAND 37
BERLIN-SCHÖNEBERG

BAND 38
STETTIN / SZCZECIN

BAND 39
GUBEN-GUBIN

BAND 40
NATIONALPARK
UNTERES ODERTAL

BAND 41
LAND BRANDENBURG
100 UNTERNEHMEN
AUS 25 JAHREN

BAND 42
WEIMAR

BAND 43
ANGERMÜNDE

BAND 44
BERLIN-FRIEDENAU

BAND 45
BRESLAU / WROCŁAW

BAND 46
SEELOW

BAND 47
HOPPEGARTEN

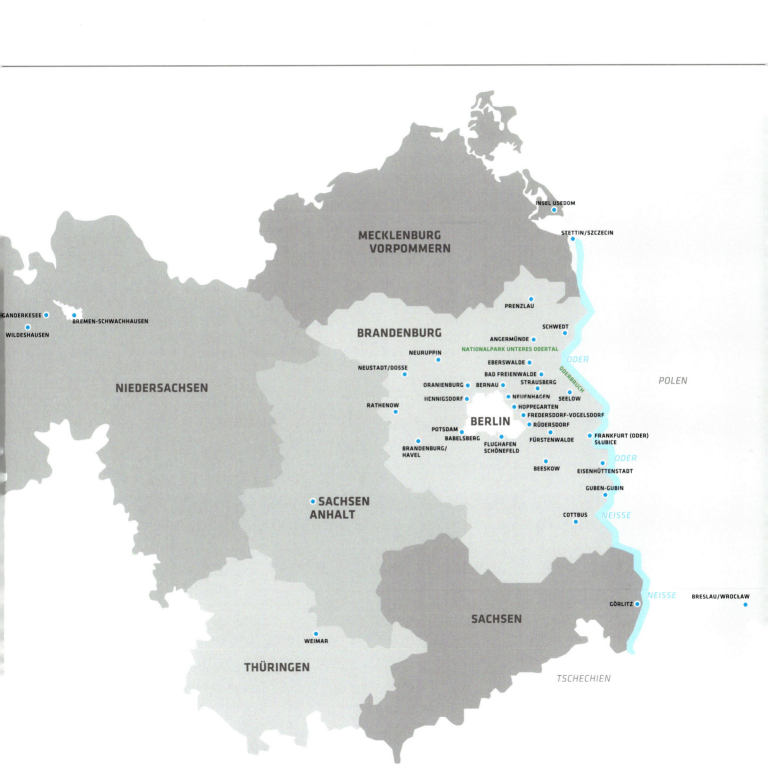